Opa Mammut

Stell dir ein Buch mit tausend Seiten vor. Auf der ersten Seite wäre ich, dann käme eines meiner Kinder, danach die Kinder meiner Kinder – immer weiter durch die Zeit, auf jeder Seite eines meiner Enkelkinder, und auf der letzten Seite wärst du.

UrUrUrUrUrUrUrUrUrUrUrUrUrUrUrUrUrUrUrUrUrUrUrUrUrUrUr
UrUrUrUrUrUrUrUrUrUrUrUrUrUrUrUrUrUrUrUrUrUrUrUrUrUrUr
UrUrUrUrUrUrUrUrUrUrUrUrUrUrUrUrUrUrUrUrUrUrUrUrUrUrUr
UrUrUrUrUrUrUrUrUrUrUrUrUrUrUrUrUrUrUrUrUrUrUrUrUrUrUr
UrUrUrUrUrUrUrUrUrUrUrUrUrUrUrUrUrUrUrUrUrUrUrUrUrUrUr
UrUrUrUrUrUrUrUrUrUrUrUrUrUrUrUrUrUrUrUrUrUrUrUrUrUrUr
UrUrUrUrUrUrUrUrUrUrUrUrUrUrUrUrUrUrUrUrUrUrUrUrUrUrUr
UrUrUrUrUrUrUrUrUrUrUrUrUrUrUrUrUrUrUrUrUrUrUrUrUrUrUr
UrUrUrUrUrUrUrUrUrUrUrUrUrUrUrUrUrUrUrUrUrUrUrUrUrUrUr
UrUrUrUrUrUrUrUrUrUrUrUrUrUrUrUrUrUrUrUrUrUrUrUrUrUrUr
UrUrUrUrUrUrUrUrUrUrUrUrUrUrUrUrUrUrUrUrUrUrUrUrUrUrUr
UrUrUrUrUrUrUrUrUrUrUrUrUrUrUrUrUrUrUrUrUrUrUrUrUrUrUr
UrUrUrUrUrUrUrUrUrUrUrUrUrUrUrUrUrUrUrUrUrUrUrUrUrUrUr
UrUrUrUrUrUrUrUrUrUrUrUrUrUrUrUrUrUrUrUrUrUrUrUrUrUrUr
UrUrUrUrUrUrUrUrUrUrUrUrUrUrUrUrUrUrUrUrUrUrUrUrUrUrUr
UrUrUrUrUrUrUrUrUrUrUrUrUrUrUrUrUrUrUrUrUrUrUrUrUrUrUr
UrUrUrUrUrUrUrUrUrUrUrUrUrUrUrUrUrUrUrUrUrUrUrUrUrUrUr
UrUrUrUrUrUrUrUrUrUrUrUrUrUrUrUrUrUrUrUrUrUrUrUrUrUrUr
UrUrUrUrUrUrUrUrUrUrUrUrUrUrUrUrUrUrUrUrUrUrUrUrUrUrUr
UrUrUrUrUrUrUrUrUrUrUrUrUrUrUrUrUrUrUrUrUrUrUrUrUrUrUr
UrUrUrUrUrUrUrUrUrUrUrUrUrUrUrUrUrUrUrUrUrUrUrUrUrUrUr
UrUrUrUrUrUrUrUrUrUrUrUrUrUrUrUrUrUrUrUrUrUrUrUrUrUrUr
UrUrUrUrUrUrUrUrUrUrUrUrUrUrUrUrUrUrUrUrUrUrUrUrUrUrUr
UrUrUrUrUrUrUrUrUrUrUrUrUrUrUrUrUrUrUrUrUrUrUrUrUrUrUr
UrUrUrUrUrUrUrUrUrUrUrUrUrUrUrUrUrUrUrUrUrUrUrUrUrUrUr
UrUrUrUrUrUrUrUrUrUrUrUrUrUrUrUrUrUrUrUrUrUrUrUrUrUrUr
UrUrUrUrUrUrUrUrUrUrUrUrUrUrUrUrUrUrUrUrUrUrUrUrUrUrUr
UrUrUrUrUrUrUrUrUrUrUrUrUrUrUrUrUrUrUrUrUrUrUrUrUrUrUr
UrUrUrUrUrUrUrUrUrUrUrUrUrUrUrUrUrUrUrUrUrUrUrUrUrUrUr
UrUrUrUrUrUrUrUrUrUrUrUrUrUrUrUrUrUrUrUrUrUrUrUrUrUrUr
UrUrUrUrUrUrUrUrUrUrUrUrUrUrUrUrUrUrUrUrUrUrUrUrUrUrUr
UrUrUrUrUrUrUrUrUrUrUrUrUrUrUrUrUrUrUrUrUrUrUrUrUrUrUr
UrUrUrUrUrUrUrUrUrUrUrUrUrUrUrUrUrUrUrUrUrUrUrUrUrUrUr
UrUrUrUrUrUrUrUrUrUrUrUrUrUrUrUrUrUrUrUrUrUrUrUrUrUrUr
UrUrUrUrUrUrUrUrUrUrUrUrUrUrUrUrUrUrUrUrUrUrUrUrUrUrUr
UrUrUrUrUrUrUrUrUrUrUrUrUrUrUrUrUrUrUrUrUrUrUrUrUrUrUr
UrUrUrUrUrUrUrUrUrUrUrUrUrUrUrUrUrUrUrUrUrUrUrUrUrUrUr
UrUrUrUrUrUrUrUrUrUrUrUrUrUrUrUrUrUrUrUrUrUrUrUrUrUrUr
UrUrUrUrUrUrUrUrUrUrUrUrUrUrUrUrUrUrUrUrUrUrUrUrUrUrUr
UrUrUrUrUrUrUrUrUrUrUrUrUrUrUrUrUrUrUrUrUrUrUrUrUrUrUr
UrUrUrUrUrUrUrUrUrUrUrUrUrUrUrUrUrUrUrUrUrUrUrUrUrUrUr
UrUrUrUrUrUrUrUrUrUrUrUrUrUrUrUrUrUrUrUrUrUrUrUrUrOpa

17 960   17 940   17 920        17 820

16 740   16 720

15 160

13 280

11 360

9580

8260

6120

3720
3260

2460        2280
1860
1440
880    820        660        540
218                                    0
90    110    220                420
800
1120    1180    1240    1300  1340 1380        1480  1520
1560 1600 1640 1680 1700 1789 1820 1845 1866 1890 1945 1970 2010 2020

Dieter Böge          Bernd Mölck-Tassel

# Opa Mammut

*Eine Familien-Weltgeschichte für Kinder*

Verlagshaus Jacoby 🏠 Stuart

# Inhalt

## EISENZEIT

## MITTELALTER

## NEUZEIT

## Feuer (17 920 v. Chr.)

Die Geschichte beginnt hier nicht. Sie hat schon lange vorher angefangen, doch ab jetzt erzähle ich sie dir. Es ist die Weltgeschichte unserer Familie. Natürlich sind wir uns noch nie begegnet, denn ich lebe mitten in der Steinzeit. Andererseits, so lange ist das gar nicht her.

Nur tausend Mütter und Väter und Omas und Opas und Uromas und Uropas entfernt von dir, denke ich an dich und alle meine Enkelkinder vor dir. Du kannst mir Gesellschaft leisten. Wenn du möchtest, können wir zusammen in mein Feuer schauen.

Ich werde durch die Flammen in die Zukunft sehen und du in die Vergangenheit. Du wirst einige Verwandte kennenlernen, die erst weit nach meinem Tod zur Welt gekommen sind. Trotzdem sehe ich sie deutlich vor mir. Und am Anfang war ich selbst ein Kind.

## Höhle (17 960 v. Chr.)

Als ich klein war, haben wir in Lascaux gewohnt. Zum Jagen war die Gegend ideal. Es gab dort einen Fluss mit frischem Wasser und in den Felsen eine gut versteckte Höhle. Irgendwann, in einem eisig kalten Herbst, sind leider unsere Beutetiere fortgezogen.

Wir hätten ihnen folgen müssen, glaube ich. Doch die Erwachsenen wollten bei der Höhle bleiben, um mit Magie das Wild zurückzuholen. Den ganzen Winter wurden dort die schönsten Tiere auf die kalte Höhlenwand gemalt: Mammuts, Hirsche – und geheime Zeichen.

Es kamen aber nur ein paar Kaninchen, und meine Mutter wurde langsam ungeduldig. Als unser Baby immer dünner wurde, ist sie eines Morgens aufgestanden und hat gesagt, „es reicht, wir ziehen um!" Wir waren hungrig, neugierig und mutig. Das liegt bei uns in der Familie.

## Bär (17 940 v. Chr.)

Meine Güte, wie die Zeit vergeht! Mein kleiner Bruder war ja eben noch ein Baby. Auf diesem Bild sind wir schon beide junge Jäger. Fast hätten wir den schönen Frühlingstag nicht überlebt, denn wir waren noch sehr unerfahren, als uns ein Höhlenbär begegnet ist.

Ganz plötzlich stand der braune Riese da und brummte. So tief und mächtig, dass die Äste zitterten. Weit und breit war niemand, der uns helfen konnte. Wir umklammerten entschlossen unsere dürren Speere und schlichen vorsichtig rückwärts, Schritt für Schritt.

Der Bär beäugte schläfrig unser ängstliches Ballett, schaute nach links und rechts und gähnte. Er ließ sich langsam auf die Vorderpfoten fallen und machte einen großen Schritt in unsere Richtung. Dann blinzelte er kurz mit beiden Augen, furzte leise und verschwand im Wald.

## Tod (17 920 v. Chr.)

Mich hat nie ein Bär erwischt. Auch kein Höhlenlöwe und kein wilder Wolf. Dabei war ich oft genug in ihrer Nähe. Meistens waren wir es, die sich angeschlichen haben, aber manchmal haben auch die Tiere ihr Glück versucht. Wir haben aber besser aufgepasst als sie.

Gestorben bin ich dann an einer Blutvergiftung, weil ich auf einen schimmeligen Mäuseknochen getreten bin. Da war ich schon sehr alt. Trotzdem waren alle etwas traurig, als ich nicht mehr lebte. Sie haben mir ein schönes Grab gebaut und ein bisschen geweint und leise gesungen.

Dann fing es an zu regnen, und sie dachten, dass nun auch der Himmel traurig sei. Sie stellten sich zum Schutz bei einem Felsen unter. Bei euch würde man wohl Kaffee trinken gehen, aber Kaffee kannten wir noch nicht. Und wir hätten auch gar keine Tassen gehabt.

## Sammeln (17 820 v. Chr.)

Wenn ich heute daran denke, was es in der Steinzeit noch nicht gab – man musste praktisch alles selbst machen. Was man nicht konnte, gab es nicht. Meine Kinder kannten beispielsweise keine Tische, keine Teller, kein Besteck und keine Erdbeertorte.

Es gab auch keinen Marmorkuchen, obwohl es ja die Steinzeit war. Es gab kein Geld und keinen Supermarkt, keine Pizza und kein Restaurant. Das wusste aber zum Glück niemand, denn es gab auch diese Wörter nicht.

Meine Kinder waren Jäger oder Sammler. Genau wie alle meine Enkelkinder. Etwas anderes konnte man gar nicht werden. Das blieb noch viele tausend Jahre so. Und obwohl wir immer sammelten und jagten, gab es am Anfang nicht mal Pfeil und Bogen.

## Fortschritt (16 740 v. Chr.)

Bevor die Jäger schießen konnten, war das Jagen ziemlich mühsam. Im Grunde war es meistens eine üble Rennerei. Die Beutetiere sind natürlich immer weggelaufen, und es dauert furchtbar lange, bis ein Schwein, ein Elch oder ein Wisent endlich außer Puste ist.

Als die Speerschleuder erfunden wurde, kam ein wenig Schwung ins Jagen. Mit etwas Übung konnte man damit auch ganz gut treffen. Du siehst, der Fortschritt war nicht aufzuhalten und bereits mein UrUr-UrUrUrUr-Urenkel hat sich Pfeil und Bogen ausgedacht.

Er ist nicht wirklich selbst darauf gekommen. Seine Schwester hatte die Idee. Er konnte aber bald so weit und sicher damit schießen, dass er als großer Jäger und Erfinder galt. Und alle waren stolz auf ihn. Auch seine Schwester.

## Besuch (15 160 v. Chr.)

In der Steinzeit war man oft allein. Oder, besser gesagt, unter sich, denn die Familie war ja immer da. Auf der Erde lebten nur vereinzelt Menschen. Doch die Leute aus dem eigenen Lager traf man regelmäßig, jeden Tag.

Man kannte ihre Stimmen und die Art und Weise, wie sie sich bewegten. Man wusste immer, was sie dachten oder wollten. Unbekannte Menschen gab es aber auch. Manchmal brannte nachts, ganz fern, ein fremdes Feuer. Dann wussten wir, sie waren in der Nähe.

Hin und wieder allerdings tauchten völlig unerwartet solche Nachbarn auf. Meistens sahen sie so ähnlich aus wie wir. In den Gesichtern anderer Menschen kannst du oft erkennen, ob sie freundlich sind. Aber das geht besser, wenn man sich schon etwas kennt.

## Streit (13 280 v. Chr.)

Nicht alle meine Nachkommen waren nett.
Immer wieder gab es echte Grobiane. Wenn
man sieht, wie rücksichtslos die Kerle waren, möchte man sofort dazwischengehen.
Zu meiner Zeit hab ich das notfalls selbst gemacht. Und dann gab es mächtig Ärger.

Oma Mammut war davon nicht so begeistert. Sie sagte, ich sei selbst nicht besser, bloß weil ich größer, stärker und noch lauter als die Übeltäter sei. Dabei wollte ich doch nur für Ruhe sorgen. Kann ja nicht jeder machen, was er will, in einer ordentlichen Horde.

Wann wer wem warum etwas zu sagen hat und was man darf und wem etwas gehört, darüber gab es häufig Streit. Wer dabei leer ausging, der konnte sich bei keiner Polizei beschweren. Wer gewonnen hatte, war im Recht. Seither sind Sieger so beliebt.

## Fleiß (11 360 v. Chr.)

Dieser Anblick ist sehr typisch. Hier schläft ein ganz besonderer Mann. Er war der fleißigste in unserer Familie. In den letzten zwanzigtausend Jahren war keiner von uns tüchtiger als er. Er war deshalb meistens ziemlich müde.

Das hat bei ihm bereits als Kind begonnen. Wenn er etwas können wollte, hat er es von früh bis spät geübt. Handstand zum Beispiel. Während alle anderen schon schliefen, lief er noch auf den Händen durch das Lager.

Als er Flöte spielen lernte, war es überall bis in die Nacht zu hören. Irgendwann klang es tatsächlich wie Musik. Am nächsten Morgen, wenn er noch nicht wach war, schielten alle zu ihm hin. Sie hätten ihn am liebsten aufgeweckt. Es gab ja noch kein Radio.

## Mammut (9580 v. Chr.)

Schau dir das allerletzte Mammut an. Das schöne Tier ist etwas aus der Mode gekommen. Das dichte Fell aus langem Haar, die großen Zähne elegant geschwungen – ein wirklich prächtiger Eiszeitelefant. Solche Tiere gibt es heute nicht mehr.

Als ich selbst noch Mammuts jagte, war es bei uns im Winter und im Sommer kalt. Seit ich denken konnte, streiften Mammutherden durch das Land und suchten irgendwo etwas zu essen. Eigentlich genau wie wir.

Doch auch diese Eiszeit ging vorbei. Alles in allem dauerte sie vielleicht hunderttausend Jahre. Den Mammuts wurde es bei uns zu warm. Sie zogen fort und wurden bald vergessen. Am Ende wusste keiner mehr, wie man sie jagt.

## Nüsse (8260 v. Chr.)

Als die Jahre langsam immer wärmer wurden, wuchsen überall ganz unbekannte Pflanzen. Bald wucherten bei uns die schönsten Wälder. Manche Bäume waren sogar nützlich, weil man ihre Früchte essen konnte. Dazu musste man nicht einmal klettern können.

Wenn Haselnüsse reif sind, fallen sie von selbst herunter. Vorher sind sie ziemlich ungesund. Wenn man eine gute Stelle kennt, kann man Vorräte für das ganze Jahr sammeln. Nüsse sind ja von Natur aus gut verpackt. Man kann sie lagern, bis die neuen nachgewachsen sind.

Der Bursche dort im Baum ist offenbar ein wenig ungeduldig. Auf den ersten Blick sieht er mir ähnlich, finde ich. In Familien kommt das schon mal vor. Allerdings ist er zehntausend Jahre jünger. Wer weiß, ob er sich schon mit Nüssen auskennt. Ich hoffe, er verdirbt sich nicht den Magen.

## Sesshaft (6120 v. Chr.)

Hier hat jemand ein solides Haus gebaut. Immer mehr Familien haben damals so gewohnt. Sie hatten sich das ganz gut überlegt. Es gab essbare Pflanzen direkt vor der Tür, und die Tiere waren alle zahm und angebunden.

Natürlich hatten sie zuerst nur kleine Tiere. Ziegen zum Beispiel, die man leicht festhalten kann. Haustiere machen aber viel Arbeit. Die armen Leute mussten sogar Zäune bauen. Sie mussten Tag für Tag die eigenen Tiere füttern und jede Menge Steine von den Äckern sammeln.

Ich kann es manchmal gar nicht glauben, dass sie jahrelang an einem Ort geblieben sind. Vielleicht sogar ein ganzes Leben. Aber jeder Mensch muss selbst wissen, was zu ihm passt und wo er hingehört. Man kann sich ja an einiges gewöhnen.

*Räder (3720 v. Chr.)*

Ach, das war der neue Wagen. Und die ganze Familie ist mit auf dem Bild. Alle waren furchtbar stolz. Sogar die Ochsen schauten etwas feierlich. Sie merkten sicher, dass sie wichtig waren, denn wer sollte sonst den schweren Wagen ziehen.

Die Kinder riefen lauthals durcheinander, wer zuerst mitfahren darf. Dabei war der Wagen groß genug für die Kinder und die Eltern und den Hund. Aber alle wollten vorne sitzen, bei der ersten Probefahrt.

So holperten sie durch die ganze Siedlung. Der Vater legte einen Arm um Mutters Schultern, Mutter winkte freundlich den Nachbarn zu, die Kinder freuten sich und streichelten den Hund, ein Ochse muhte, und jeder im Dorf wollte auch so einen Wagen haben.

## Ruhm (3260 v. Chr.)

Wer mehr besitzt, als er selbst tragen kann, könnte einen Ochsenwagen gut gebrauchen. Vorausgesetzt es gibt auch eine Straße. Einer meiner Enkel hat vielleicht das Rad erfunden. Dieser war es jedoch sicher nicht. Zumindest hat er nichts davon gesagt.

Man weiß ja nie, was einem so im Kopf herumgeht. Ob jemand gerade etwas Großes denkt oder ob er einen Stein sucht, um sich hinzusetzen. In der wilden Bergwelt muss man öfter Pause machen. Zwischen steilen Felsen lauert ständig die Gefahr.

Natürlich darf man nicht zu lange sitzen bleiben, denn gegen Abend wird es merklich kälter. Mit dem Frost ist in den Alpen nicht zu spaßen. Am Tag zuvor war hier ein Mann im Eis verschollen. Er taute erst fünftausend Jahre später wieder auf. Das hat bei euch in allen Zeitungen gestanden.

## Erzählen (2460 v. Chr.)

Was nicht vergessen werden sollte, mussten wir im Kopf behalten, als wir noch nicht schreiben konnten. Hier wohnte eine Frau, die alles wusste. Alles, was in unserer Familie vorgefallen war. Auch aus der längst vergangenen Zeit, als die Menschen noch nicht reden konnten.

Wenn sie davon erzählte, war das Haus ganz still. Alle Kinder hörten ihr aufmerksam zu. Die Erwachsenen kannten einige Geschichten schon, aber Tanten, Onkel, alle die dort wohnten, hörten mit. Sogar die Tiere spitzten ihre Ohren. Nur in den Pausen grunzte ab und zu ein Schwein.

Das Haus war dunkel, denn es hatte keine Fenster. Wenn das Herdfeuer langsam erlosch und die Bewohner in den Betten leise schnarchten und die Kälber im Stroh nicht mehr raschelten, erzählte sie manchmal dem Hund noch ein Geheimnis, das, außer ihm, bis heute keiner kennt.

# Stonehenge (2280 v. Chr.)

Niemand weiß mehr ganz genau, wie diese Steine aufgestellt worden sind. Ich kann nur sagen, einer von uns war dabei. Und das kam daher, dass man zu Fuß nach England gehen konnte, bevor das ganze Land zu einer Insel wurde. Aber das ist eine ältere Geschichte.

Die Steine stehen jedenfalls noch heute dort, und unsere Familie hat geholfen, den rätselhaften Steinkreis zu errichten. Alleine kriegt das nämlich keiner fertig. Ein Stein wiegt fast so viel wie tausend Menschen. Und sie hatten keinen Kran.

Unser Verwandter hat den Leuten damals haargenau erklärt, mit welchem Trick die Steine zu bewegen sind. Vielleicht fällt er mir später wieder ein. Auf jeden Fall hat es tatsächlich funktioniert. Die ganze Gegend hat dann dort sehr groß gefeiert. Immer wieder, viele hundert Jahre lang.

## Bronze (1860 v. Chr.)

Zigtausend Jahre ging es ohne Bronze, und niemand hatte ihren Glanz vermisst. Dann sprachen plötzlich alle nur noch von Metall. Auf einmal gab es Töpfe, Sicheln, Äxte, sogar Schwerter. Jeder wollte damals so etwas besitzen. Darum nennt man diese Jahre Bronzezeit.

Wir hatten einen Vetter hoch im Norden, der wollte unbedingt auch so ein Beil haben. Dort oben gab es aber keine Bronze. Er hat die Form so gut es ging aus Stein gehauen. Natürlich konnte jeder sehen, dass es nicht ganz echt war. Es nützte nichts, dass er ein guter Steinmetz war.

Ein Schwert kann man aus Stein erst recht nicht machen. Man musste es gießen, aus geschmolzenem Metall. Das neue Handwerk war nicht leicht zu lernen, und wer es konnte, war ein angesehener Mann. Für die Damen wurde damals kunstvoll Schmuck gegossen. Ein edler Herr benötigte ab jetzt ein Schwert.

## Weben (1440 v. Chr.)

Wahrscheinlich hast du es schon selbst bemerkt – seit die Menschen Häuser bauen, ziehen sie sich anders an als in der Steinzeit. Man sieht kaum noch strubbelige Pelze. Die Männer tragen wenigstens noch einen Bart, aber ihre Kleidung ist jetzt fein gewebt und glatt.

Unsere Familie hatte damals eine kleine Weberei. Zwei Schwestern webten Tuche für die ganze Siedlung. In ihrem Grubenhaus war es immer etwas kühl und feucht. Das ist ein Vorteil, wenn man Leinenstoffe webt, denn die Fasern sind dann weich und biegsam.

In der Werkstatt lebte auch ein zahmer Rabe. Der war sehr schlau und schaute ihnen bei der Arbeit zu. Wenn man ihm oft genug ein Wort vorsagte, konnte er es sehr bald krächzend wiederholen. Morgens begrüßte er sie oft mit seinem besten Wort. Ich glaube, es war „Feierabend".

## Reiten (880 v. Chr.)

Ich bin mein Leben lang zu Fuß gegangen. Wenn es schneller gehen sollte, sind wir halt gerannt. Wir wären nie auf die Idee gekommen, einfach auf ein großes Pferd zu steigen, damit wir nicht mehr selbst laufen mussten. Auch das Reiten musste erst erfunden werden.

In der Steinzeit haben wir die Pferde nur gegessen. Genau wie Auerochsen, Nashörner oder Hirsche. Da hätten wir uns niemals draufgesetzt. Der junge Mann im Sattel ist zwölf Jahre alt. Das Pferd gehörte eigentlich nicht ihm. Er durfte aber manchmal darauf reiten.

Zum Beispiel immer, wenn das Wetter schlecht war. Bei Regen ritt er gerne in ein fremdes Dorf, wo niemand wusste, dass es nicht sein eigenes Pferd war. Natürlich war dann außer ihm kaum jemand draußen. Nur ein paar wetterfeste Hunde schauten zu, wie er auf vier fremden Beinen durch den Matsch lief.

## Handel (820 v. Chr.)

Dieser Kaufmann fand sein Glück durch einen Unfall. Er war von einem Pferd gefallen. Von da an blieb sein linkes Bein gelähmt. Mit einer Krücke lernte er allmählich wieder laufen, weil er einen starken Willen hatte und viel übte. Dennoch fiel ihm körperliche Arbeit schwer.

Als Händler wollte er sich trotzdem nützlich machen. Bei ihm bekam man alles für den Bronzeguss. Er tauschte Kupfer aus den Alpen gegen Ostseebernstein ein und hatte immer genug Zinn aus England im Regal. Alle Bronzegießer kamen zu ihm auf den Hof.

Zum Verladen hatte er zuerst nur einen Helfer. Doch die Geschäfte liefen prächtig und schon bald beschäftigte er dreiundzwanzig Männer und elf Kinder. Seine alte Krücke ließ er damals reich verzieren. Ganz unten daran war ein Pferdefuß aus Bronze. Den hat er jeden Abend sorgfältig poliert.

# Schaufeln (660 v. Chr.)

Der Wohlstand blieb noch lange Zeit in der Familie. Es ging uns gut, bis in die Eisenzeit hinein. Denn als die Bronzezeit vorbei war, waren wir die Spezialisten für Metall. Wir wussten, wie man einen Ofen bauen musste, der selbst Eisenerz zum Schmelzen bringt.

Einer von uns wurde damals richtig reich.
Da, wo er wohnte, hatte er sehr viel zu sagen. Es war, als ob die ganze Gegend ihm
gehörte und alles was dort wuchs und alle,
die dort wohnten auch. Am Ende seines
Lebens wünschte er sich nur noch eines: das
allergrößte Grabmal weit und breit.

Für seine Söhne ließ er Eisenschaufeln
schmieden. Niemand sollte ihn und seine
Kinder je vergessen, und sie sollten tüchtig
helfen für ihr Erbe. Der Älteste bekam die
größte Schaufel, obwohl er etwas kleiner
war als seine Brüder. Trotzdem wurde er der
neue Fürst.

## Fernweh (540 v. Chr.)

Nicht alles war aus Eisen in der Eisenzeit. Viele Gegenstände waren nach wie vor aus Holz. Auch die Menschen waren eigentlich wie immer. Das heißt, sie waren alle ganz verschieden. Manche fühlten sich sehr wohl, dort, wo sie waren. Andere hatten das Gefühl, dass etwas fehlte.

Das Kind, von dem ich hier erzähle, hatte Fernweh. Sein Vater war der Schmied in ihrer kleinen Siedlung. Der Junge sollte dieses Handwerk von ihm lernen. Er mochte zwar die Hitze, wenn das Eisen glühte, doch das Gehämmer war ihm oft zu laut. Er hat geträumt, das wussten seine Eltern.

Hin und wieder kamen fremde Händler in das Dorf und brachten Schmuck, Gewürze und Geschichten mit. Am liebsten hörte er Berichte aus dem Süden, während seine Mutter Minze, Thymian und Lorbeerblätter kaufte. Und einmal schenkte ihm ein Händler, einfach so, seinen schwarzen Hut.

## Unfug (218 v. Chr.)

Endlich sieht man wieder ein paar Mammuts! Bei ihrem Anblick wird mein Eiszeitherz ganz warm. Wenn man genauer hinschaut, sind es Elefanten. Sie sehen aus, als wären sie nicht freiwillig da oben. Mit ihren großen Ohren frieren sie erbärmlich. Und den Soldaten geht es nicht viel besser.

Junge Leute machen manchmal Unsinn. Ihre Mütter haben sie bestimmt gewarnt. Wahrscheinlich hatte wieder einer zu viel Ehrgeiz. Aber mit den Elefanten durchs Gebirge? Wochenlang? Bei Schnee und Eis? Bei aller Liebe, das ist wirklich übertrieben.

Es gab doch sicher auch zuhause ein paar
Feinde. Da hätten sie es nicht so weit gehabt,
und jeder hätte kämpfen können, wenn er
denn wollte. Abends hätte man dann schön
gegrillt und den Frauen Heldentaten vor-
geprahlt. Das wäre viel vernünftiger gewesen.

## Bethlehem (0)

Hier ist ein kleiner Junge auf die Welt gekommen. Das war weit weg, im sogenannten Nahen Osten. Darum waren wir nicht selbst dabei. Nur seine Eltern und die Tiere waren dort. Später wurde oft davon gesprochen, dass der Mann an seiner Krippe nicht der wirkliche Vater gewesen sei.

Anscheinend hat der Junge es wohl selbst geglaubt und als Erwachsener überall davon erzählt. Die Eltern haben sich, soviel ich weiß, als er noch klein war, bestens um das Kind gekümmert. Doch dann kam die Geschichte mit dem Vater, der im Himmel wohnt. Mittlerweile ist sie auf der ganzen Welt bekannt.

Viele Menschen reden seitdem gern darüber und schmücken den Gedanken mächtig aus. Manchmal gibt es deshalb sogar bitterernsten Streit. Ich nehme an, der Kleine hat das nicht gewollt. Das berühmte Weihnachtsfest ist jedenfalls ursprünglich sein Geburtstag. Das war, glaube ich, im Jahre Null.

## Rom (90)

Tief im Süden gab es eine wirklich große Stadt. Wenn man rechtzeitig im Frühjahr losging, war man irgendwann im Sommer dort. Man musste allerdings zu Fuß die Alpen überqueren. Auf unserer Seite lebte man in fensterlosen Hütten, dahinter lag, nach ein paar Wochen Fußmarsch, Rom.

Die Stadt war ständig voller Menschen. Selbst wenn man dort zuhause war, traf man mehr Fremde als Bekannte auf der Straße. Auch unsere Familie ist hier gerade nicht zu sehen. Ich kann dir aber zeigen, wo sie wohnten: hinter dem kleinen Fenster mit dem blauen Vorhang.

Die dünnen Wände stürzten leider eines Tages ein, nachdem das Wetter ungewöhnlich lange schlecht war. Weiter unten war das Haus zum Glück stabiler. Das erste Stockwerk hatte sogar eine Wasserleitung, und in einem Zimmer konnte man in einer Wanne baden. Auch wenn es nicht geregnet hat.

## Eisennase (110)

Das ist nun wirklich nichts für Kinder. Die armen Menschen – und die armen Tiere! So grausam sind wir in der Eiszeit nicht gewesen. Bei jeder Jagd ist selbstverständlich Blut geflossen, aber nicht als Schauspiel gegen Langeweile. Am besten, du schaust gar nicht hin.

Viele Römer waren davon ganz begeistert. Tausende von ihnen schauten zu. Menschenmengen sind wie ein Magnet, und für die meisten war es wohl ein großes Fest. Manchmal leiteten sie so viel Wasser auf den Kampfplatz, dass man dort echte Schiffe fahren lassen konnte.

Wenn jemand über Bord ging, fraßen ihn die Krokodile. Eine Frau aus unserer Familie war dabei, als der berühmte Gladiator mit der Eisennase auftrat. Es hat ihr aber nicht so gut gefallen. Dann hat ein Taschendieb ihr auch noch einen Kamm gestohlen. Sie ist danach nie wieder hingegangen, denke ich.

## Grenze (220)

Wenn morgen früh die Sonne aufgeht, wirst du bei uns nirgends einen Zaun entdecken. Bei dir sieht es natürlich völlig anders aus. Alles ist verlässlich aufgeteilt, und jeder weiß, was ihm gehört. Auf diesem Bild siehst du die Grenze eines mächtigen und stolzen Reiches.

Auf der einen Seite wohnten glattrasierte Römer, auf der anderen Seite waren die Barbaren. Man konnte aber, wenn man wollte, Römer werden. Der dicke Wächter war zum Beispiel früher ein Barbar. Jetzt war er ein Legionär des großen Kaisers.

Der Kaiser war in Rom und eigentlich weit weg. Die Legionäre taten aber trotzdem, was er wollte, denn sie trugen alle seine Uniform. Es gab Gesetze, und sie passten aufeinander auf. Sie fanden manchmal, dass ihr dicker Kamerad verdächtig freundlich zu den Barbaren war.

## Fremde (420)

Da war eine Zeit, da kam so manches durcheinander. Kurz vor dem Mittelalter tauchten überall Fremde auf. Keine Ahnung, wo sie hergekommen sind. Man konnte ihre Sprache nicht verstehen, und sie wussten auch nicht immer, wie man sich benimmt.

Zumindest wussten sie nicht, was bei uns üblich war. Einige waren aber sehr freundlich. Die Fremden, meine ich. Wir natürlich auch, als wir sie besser kennenlernten. Es hieß, sie waren auf der Flucht vor Leuten, die wiederum vor anderen fliehen mussten.

Wir sind jedenfalls nicht weggelaufen. So viele Fremde waren es auch wieder nicht. Wir blieben in der Überzahl, und eine von uns hat sogar einen von ihnen geheiratet. Ich weiß leider nicht mehr, wie er hieß. Das war ein ganz komischer Name.

## Kaiser (800)

Selbst der Kaiser lebte häufig auf der Straße. Wenn er sein Volk im Blick behalten wollte, musste er sich hin und wieder bei ihm sehen lassen. Weil sein Reich so ungeheuer groß war, verbrachte er so manche Nacht im Zelt. Er hatte sogar einen Reisethron dabei.

Manche Untertanen sprachen gar nicht seine Sprache. Die meisten wussten auch nicht, wie er aussieht. Dabei hatte er ja extra sein Profil auf jede Silbermünze prägen lassen. Es sah ihm allerdings nicht wirklich ähnlich, und viele hatten außerdem das Geld noch nie gesehen.

Das war zu meiner Zeit nun wirklich leichter. Ich kannte jedes Kind in unserer kleinen Horde. Aber ein besonders großer Herrscher muss sich natürlich auch um Fremde kümmern. Wie komme ich darauf? Ach ja, der Imperator war entfernt mit uns verwandt.

## Kloster (1120)

Diese junge Frau hat nie gedacht, dass sie im finsteren Mittelalter lebte. Denn sie las die allerneuesten Bücher ihrer Zeit über Wissenschaft und Glauben. Wenn ein Buch besonders schön war, hat sie es sorgsam eigenhändig abgeschrieben.

Manchmal schrieb sie außerdem noch auf, was sie selbst herausgefunden hatte. Zum Beispiel, welches Kraut in welcher Menge, als Tee getrunken, gegen Durchfall hilft. Damals konnte außer ihr kaum jemand lesen. Bauchschmerzen waren aber allgemein bekannt.

Als Nonne lebte sie in einem Frauenkloster, wo sie mit acht Jahren abgegeben worden war. Ihre Eltern hatten fest versprochen, dass der Klostergarten duftete wie das Paradies. Sie hat dort fleißig jeden Tag gebetet, und im Sommer roch der Garten wirklich gut.

## Burg (1180)

Ist das nicht eine hübsche kleine Burg? Wir hatten immer einen Sinn fürs Schöne. Wenn man oben auf dem Turm stand, sah man ringsherum kein besseres Bauwerk. Und von unten konnte jeder gleich erkennen, wer in dieser Gegend der Chef war.

Mein Enkel war ein bärenstarker Ritter, mit einem Bart, ein bisschen so wie meiner. Er war noch gar nicht lange Burgbesitzer. Jetzt hatte er das größte Pferd von allen. Auf dem Schlachtross ritt er gerne durch sein Land, und die Bauern winkten ihrem neuen Herrn zu.

Wenn er wieder weg war, waren sie erleichtert, denn es gab Gerüchte über ihn. Es hieß, es hätte einen bösen Streit gegeben, bevor er diese Burg bekam. Der alte Burgherr war seitdem verschwunden, und niemand wusste, wo er war.

## Burgfräulein (1240)

Diese Mädchen sind als Burgfräulein er-
zogen worden. Manchmal wusste aber
niemand, wo sie steckten. Es gab geheime
Treppen, dunkle Gänge und Verliese auf der
Burg. Oft schlichen sie sich heimlich in die
Waffenkammer, denn sie wollten Ritter-
innen werden.

Als junge Damen trugen sie dann lieber
hübsche Kleider, und zwei Brüder aus der
Gegend haben ritterlich um ihre Gunst ge-
worben. Die beiden Schwestern saßen dabei
brav auf einem Kissen und hörten sich ge-
reimte Verse über ihre Tugend an.

Noch besser fanden sie es allerdings, wenn sie einen Ausflug machten oder mit den Vögeln auf die Beizjagd gingen. Die kleine Schwester zog sich einmal sogar selbst den Falknerhandschuh an und ließ einen Bussard darauf landen. Die Anstandsdamen waren absolut schockiert.

## Gaukler (1300)

Einer von uns zog als Bärenführer durch die Welt. Er war ein Unterhaltungskünstler. Außer einem Bären hatte er zwei Waisenkinder und ein Äffchen und ein Tamburin dabei. Wenn sie unterwegs an einen Marktplatz kamen, ließ er beide Kinder lauthals singen.

Das lockte immer scharenweise Leute auf den Platz. Mütter nahmen ihre Kinder bei der Hand und stellten sich ein wenig abseits in die Menge. Dann sprang der Affe auf den Kopf des Gauklers, schnappte seinen Hut und machte einen wilden Salto rückwärts. Daraufhin begann der Bär zu tanzen.

Die Waisenkinder spielten Tamburin und turnten. Der Bärenführer ließ aus Spaß ab und zu die lange Kette los, und das Äffchen sammelte mit seinem Hut das Geld ein. Das Publikum hat meistens leise applaudiert. Den Bären ließ es dabei nicht aus den Augen.

## Müll (1340)

Was wir in der Steinzeit weggeworfen haben, weil es kaputt war oder weil es uns nicht mehr gefiel, das haben wir im nächsten Augenblick vergessen, denn wir sind ja ständig umgezogen. Hätten wir gewusst, dass Forscher einmal danach suchen würden, hätten wir natürlich etwas Schönes für sie hinterlassen.

Im Mittelalter blieb der Müll dann vor der Haustür liegen. Alle Reste warf man einfach zu den Schweinen auf die Straße. Unzählige Ratten haben ebenfalls davon gelebt. Doch ein Mann aus unserer Familie räumte eines Tages alles fort. Der Bürgermeister gab ihm dafür einen kleinen Karren, Eimer, Schaufeln und ein regelmäßiges Gehalt.

Als man endlich wieder durch die Gassen gehen konnte, ohne dass es stank und hinter jeder Ecke quiekte, haben alle ihren Bürgermeister sehr gelobt. Daraufhin bekam die Müllabfuhr ein Pferdefuhrwerk. Unser Müllmann thronte oben auf dem Kutschbock und fühlte sich genauso wichtig wie der Bürgermeister.

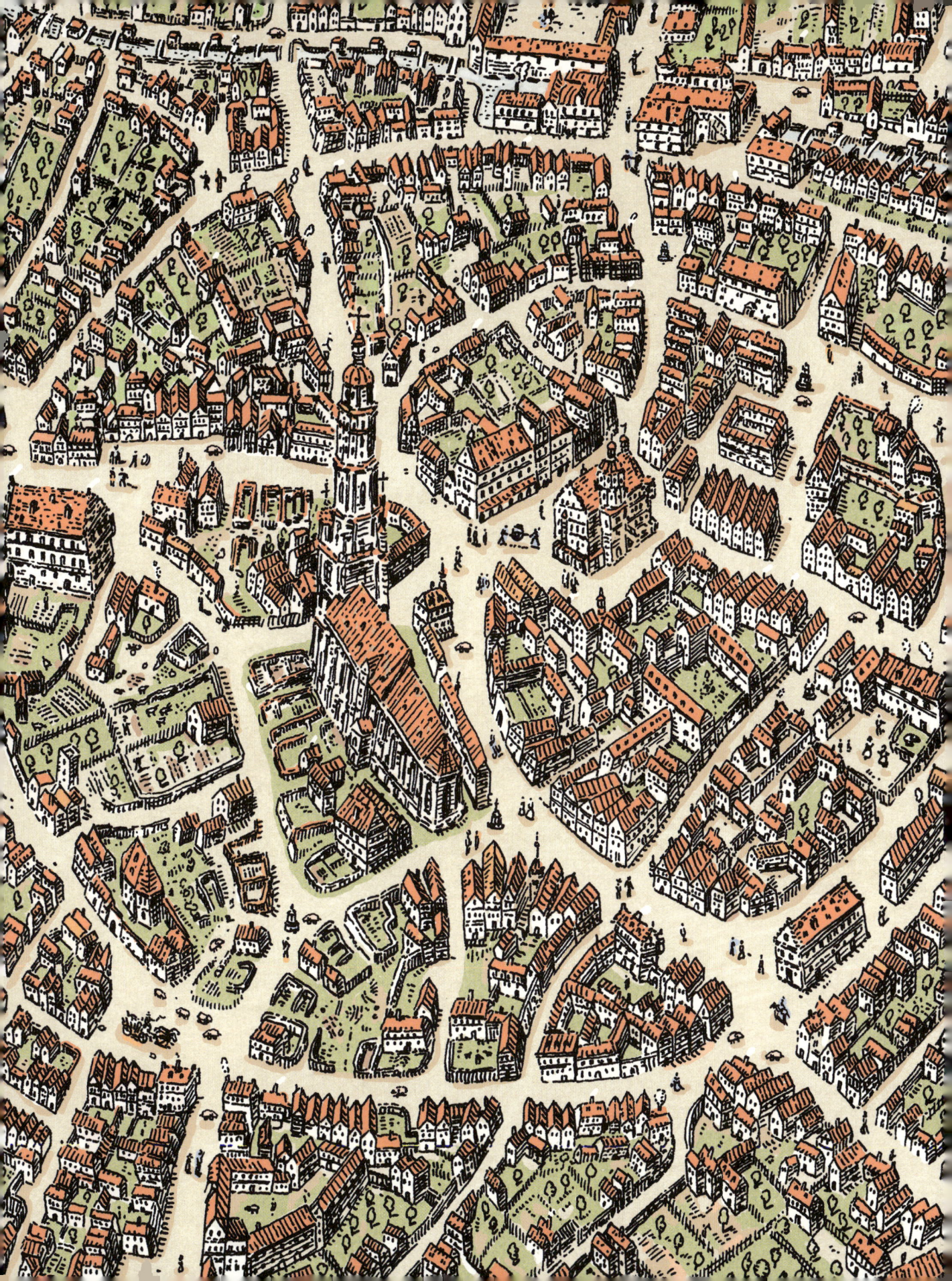

## Pest (1380)

Ratten sehen eigentlich ganz nett aus, wenn man ihnen in die Augen schaut. Wenn man etwas näher hinsieht, findet man in ihren Haaren jedoch häufig kleine Flöhe. Und die Flöhe tragen manchmal Krankheitskeime, die man ohne Mikroskop nicht sehen kann.

Einer von uns ist im Mittelalter Arzt geworden. Er hatte an der Universität gelernt, dass manche Krankheit durch geheime Kräfte, von einem Menschen auf den anderen überspringen kann. Als in den Städten eine schlimme Seuche ausbrach, trug er deshalb einen Schutzanzug mit einem Schnabel.

An der Seuche starben furchtbar viele Menschen. Dagegen gab es einfach keine Medizin. Unser Doktor hat vergeblich alle Bücher durchgelesen. Als seine Augen dabei langsam schwächer wurden, fand er dafür in den Büchern leider auch kein passendes Rezept. Immerhin gab es zu dieser Zeit schon Brillen.

## Buchdruck (1480)

„Jetzt kommen bald ganz andere Zeiten – ihr könnt mir helfen, und wir werden endlich reich." Was dieser Buchbinder erfahren hatte, war in seiner Werkstatt eine Sensation. Man konnte nämlich ab jetzt Bücher drucken. Mit den eigenen Augen hatte er die Druckerei gesehen.

Von nun an musste nicht mehr jede Seite einzeln mit der Feder abgeschrieben werden. Die bedruckten Bögen sahen alle genau gleich aus, und es ging viel schneller als bisher. Mit der neuen Technik ließ sich jeder Text zusammensetzen und mit einer Spindelpresse stapelweise drucken.

Was kluge Menschen wussten oder dachten, war jetzt schwarz auf weiß im ganzen Land zu lesen. Man sagt, als alle diese Bücher kaufen konnten, war das Mittelalter bald vorbei. Die vielen Bücher mussten aber erst gebunden werden. In der Werkstatt blieb zum Lesen keine Zeit.

## Meer (1520)

Als ich selbst zum ersten Mal ans Meer kam,
hab ich geglaubt, die Welt sei dort zu Ende.
Man sah kein Ufer auf der anderen Seite, und
es roch ganz anders als ein Fluss. Ich weiß
noch, wie mein Vater meine Hand nahm.
Dann sind wir lieber wieder umgekehrt.

Der Wind hat uns am Strand fast fort-
geweht, und ich habe nie daran gedacht,
jemals das wilde weite Meer zu überqueren.
Obwohl ich ganz gut schwimmen konnte.
Später kamen dann die großen Segelschiffe
auf. Da war tatsächlich einer von uns mit an
Bord.

„Ich fahr zur See!", hat er gesagt, „und ich
bringe euch was Tolles mit!" Viele Jahre ist
er fort gewesen. Wo er an Land ging, gab
es manchmal keine Menschen. Und mitge-
bracht hat er ein Bild von einem Tier. Das
war auf seinen Rücken tätowiert.

## Duell (1560)

Der rechte, das ist einer meiner Enkel. Mit seiner Streitsucht ging er allen auf die Nerven. Sein armer Vater war ein reicher Mann, der für den König in den Krieg gezogen war. Kein Schlachtgetümmel war dem Vater einst zu wild. Furchtlos trat er jeder Übermacht entgegen.

Leider verlor er dabei einen halben Arm. Als Dank bekam er damals diese Burg, das Land und eine Menge Personal. Dort wurde bald darauf sein Sohn geboren und wuchs im Burghof gut versorgt heran. Seine Mutter sagte immer: „Bub, sei vorsichtig!"

Der Junge träumte pausenlos von Sieg und Ehre. Wenn man ihn nur ansah, fühlte er sich angegriffen. An allen Wochentagen übte er mit seinen Waffen. Sonntags ging man ihm besser aus dem Weg. So wurde er nur neunzehn Jahre alt und starb an einem Ostersonntagmorgen im Duell.

## Schule (1600)

Lesen lernen ist wahrscheinlich nicht besonders schwierig. Ein bisschen so wie Spuren suchen, stelle ich mir vor. Man muss nur die Augen offen halten und ein wenig denken. Außer, dass nicht jedes Buch am Schluss von Tieren handelt. Und natürlich kann man Bücher auch nicht essen.

Trotzdem bin ich immer froh, wenn meine Enkel etwas lernen. Dieser Lehrer möchte ihnen zeigen, wie man richtig schreibt. Das ist nicht so einfach, denn die Kinder fehlen häufig in der Schule. Im Sommer müssen viele auf den Feldern helfen, und im Winter ist der Schulweg meistens tief verschneit.

Das Mädchen mit der blauen Haube hatte dieses Jahr besonders viel zu tun. Zuhause musste sie sich wochenlang um ein krankes Ferkel kümmern. In der Schule hatte sie danach vergessen, wie man ihren Namen schreibt. Aber lesen konnte sie ihn noch. Denn sie hatte ihn in ihren Tisch geritzt.

## Verwüstung (1640)

In unserer Geschichte gab es immer wieder Kriege. Selbst wenn man es nicht wollte, war man ganz schnell mittendrin. Einmal hat es dreißig Jahre lang gedauert, bis ein Krieg zu Ende war. Wenn man überleben wollte, musste man sich oft verstecken.

Ein Junge hat an seinem ersten Schultag gerade mal ein halbes Lied gesungen. Dann polterten Soldaten in das Klassenzimmer. Sie warfen alle Bänke um und jagten ihn vom Schulhof. Als sie wieder abgezogen waren, hat das Schulhaus lichterloh gebrannt.

Im nächsten Frühjahr kam dann eine andere Armee und hat die Kirche und das Rathaus angezündet. Jahrelang ging es so weiter, und er wäre mehrmals fast verhungert, weil das ganze Land verwüstet war. Als die Fürsten endlich Frieden schlossen, war er selbst schon Soldat.

## Gefängnis (1680)

Mittlerweile habe ich mich schon daran gewöhnt, dass meine Enkel gern in festen Häusern wohnen. Wenn allerdings die Tür von außen abgeschlossen ist, fühlt sich jedes Lebewesen eingesperrt und elend. Dieser arme Kerl ist schon seit Tagen im Gefängnis.

In einem Gasthaus hatte er beim Würfeln all sein Geld verloren. Weil er es zurückgewinnen wollte, musste er sich ein paar Münzen leihen. Doch die Würfel fielen nicht so, wie er wollte, und mit seinem allerletzten Wurf hatte er auch das geborgte Geld verspielt.

Bis jemand seine Schulden zahlen würde, kam er hinter Schloss und Riegel. Als Strafe war das nicht gedacht. Man wollte nur verhindern, dass er wegläuft. Seine Eltern haben dann für ihn bezahlt. Draußen hat er gleich die Unglückswürfel weggeworfen und sich bessere besorgt.

## Fürst (1700)

Nun rate mal, wer hier mit uns verwandt ist! Der Fürst hat einen Maler in sein Schloss bestellt. Auf dem Gemälde möchte er in seiner ganzen Pracht zu sehen sein. Er wird von allen sehr bewundert, und sein Hofstaat ist ein wenig aufgeregt.

Sie finden, dass der Künstler hier und da noch etwas schöner malen müsste. Besonders die Frisur ist ihnen noch nicht ausdrucksvoll genug. Ihr Fürst hat nämlich gerade für den ganzen Hof die Perückenmode eingeführt.

Unser Angehöriger ist allerdings wegen einer anderen Mode im Palast. Er sitzt vorne bei dem Maler, direkt neben seiner Staffelei. Damit der Künstler nicht zu müde wird, hält er ein belebendes Getränk für ihn bereit. Denn bei Hofe und in feinen Kreisen trank man neuerdings Kaffee. Und im Kaffeekochen war mein Enkel ein Genie!

## Revolution (1789)

Im Palast des Königs war seit Jahren nichts davon zu spüren, dass im ganzen Land das Essen knapp war. Die Königin und ihre Kinder hatten immer einen reich gedeckten Tisch. Sie konnten sogar Feste feiern, während überall im Königreich andere Familien Hunger hatten.

Das war natürlich nicht gerecht, und die Leute waren mit dem König unzufrieden. Sie gaben ihm die Schuld, weil er nicht besser für sie sorgte und weil das Brot zu teuer war. Selbst die Soldaten wollten ihm nicht mehr gehorchen, als sie ihn vor seinem Volk beschützen sollten.

Vom Wochenmarkt sind die Verkäuferinnen eines Tages zum Palast gezogen und haben ihren König in die Stadt geholt. Ob er wollte oder nicht, er sollte endlich etwas für sie tun. Sie fanden, alle Menschen wären gleich viel wert, und sie hatten keine Angst vor ihm.

## Dampf (1845)

Zu dieser Zeit gab es für schwere Arbeit schon Maschinen. Sie waren stärker als ein Mammut, und sie wurden niemals müde. Sie qualmten und sie dampften, und sie konnten ohne Pause tagelang die größten Schmiedehämmer heben. Manche waren sogar nachts nicht aufzuhalten.

Die Maschinen machten alles schneller als die Menschen. Ruckzuck wurden viele Kilometer Garn gesponnen und zugleich unzählige Webstühle in Gang gehalten. Sogar Dampflokomotiven stellten die Maschinen her. Leider machten sie die Arbeit nicht alleine.

Diese beiden Jungen halfen schon seit Jahren in der Eisenbahnfabrik. In den Pausen schmiedeten sie Pläne für die Zukunft. Der rechte wollte später Seemann werden. Entweder als Matrose oder gleich als Maschinist. Sein Bruder wollte lieber in der Gegend bleiben. Am besten als Fabrikbesitzer.

# Übersee (1866)

Nicht immer kann man auf den ersten Blick erkennen, was in einem Bild geschieht. Genau genommen sieht man es hier gar nicht. Dieses Schiff fährt nämlich nicht nur einfach über den Atlantik. Die Besatzung legt bei dieser Reise ein endlos langes Kabel auf den Meeresgrund.

An Bord sind auch die beiden Jungen aus der Eisenbahnfabrik. Der eine ist tatsächlich Maschinist geworden und hat in seinem Leben alle Häfen dieser Welt gesehen. Als das Kabel nach Amerika verlegt war, ist sein Bruder jedoch in dem fremden Land geblieben.

Er hat dort geheiratet und wurde an der Küste Dosenfabrikant. Als das erste Kind geboren war, schickte er an seine Mutter noch am selben Tag ein Telegramm. Das Kabel dazu hatte er ja selbst verlegt. „Mein Enkel wohnt in Übersee", hat die Oma allen Nachbarn stolz erklärt.

## Glück (1890)

Diese Landschaft ist mir sehr vertraut. Das ist der Fluss, an dem ich aufgewachsen bin. Allerdings vor zwanzigtausend Jahren. Das Ufer sieht natürlich anders aus als damals, und wir hatten auch nicht so ein hübsches Boot. Trotzdem kommt die ganze Sache mir bekannt vor.

Als ich Oma Mammut kennenlernte, war ich oft und gern mit ihr allein. Wenn man sich mit einem Menschen gut versteht, kann man leicht die Zeit vergessen. Die junge Frau erzählt hier einfach alles, was ihr in den Sinn kommt, und mein Neffe hört ihr gerne zu.

Sie findet alles, was er zu ihr sagt, ganz richtig. Auch wenn er nichts sagt, fühlt sie sich mit ihm sehr wohl. Später hatten sie zusammen eine Wohnung in der Stadt. Wären sich die beiden nicht begegnet, würden sie in unserer Familie fehlen. Und wahrscheinlich gäbe es dich nicht.

# Trümmer (1945)

Seit dem Mittelalter haben Menschen hier gewohnt. Tausend Jahre haben sie an dieser Stadt gebaut. Mit allem, was sie noch besitzen, ziehen sie nun wieder fort. Als wir Eiszeitjäger waren, haben wir es ebenso gemacht, wenn wir nichts zum Essen fanden. So schlimm wie hier sah es aber in der Steinzeit nirgends aus.

Bis vor kurzem war es in der Stadt sehr schön. Dann sind die Männer in den Krieg gezogen. Sie haben fremde Menschen angegriffen und in fernen Ländern mit dem Flugzeug Bomben abgeworfen. Jemand hatte ihnen klipp und klar erklärt, das sei richtig. Einer meiner Enkel ist selbst mitgeflogen.

Seine Tochter läuft dort neben ihrer Mutter. In dem kleinen Koffer hat sie einen Feldpostbrief von ihrem Vater. Im selben Umschlag steckte auch ein Foto mit gezacktem Rand. Darauf waren sie zu dritt, und er trug eine Uniform. Das Foto hat sie später häufig angeschaut. Den Vater selbst hat sie nie mehr gesehen.

## Fernsehen (1970)

Oma und Opa haben hier schon eine eigene Wohnung. Ihre Tochter ist verheiratet und wohnt seitdem in einer anderen Stadt. Als sie auszog, haben sie sich einen Fernsehapparat gekauft. Wenn zuhause sonst nichts los ist, schalten sie den Kasten einfach ein.

Dann erscheint ein Mann in ihrer Stube und erzählt Geschichten aus der ganzen Welt. Sie erfahren tolle Neuigkeiten über ferne fremde Länder. Einmal gab es sogar Bilder eines Menschen auf dem Mond. Das wäre etwas für den Enkel, hat die Oma da gesagt.

Heute ist die Tochter mit dem Enkel zu Besuch. Der Junge wird bei ihnen übernachten, denn die Eltern sind zu einer Party eingeladen. Er darf noch einen Tierfilm sehen, und dann geht es ab ins Bett. Vielleicht gibt es aber auch noch einen Cowboyfilm.

*Smart (2010)*

Auf der Erde hat sich einiges verändert, wenn ich es mit meiner Zeit vergleiche. Nur der Himmel sieht noch aus wie eh und je. Die Menschen auf der rechten Seite können es nicht sehen, denn sie schauen alle in ein kleines Fenster, das sie in den Händen halten.

Dort sehen sie zum Beispiel gerade einen ihrer Freunde, der in Wirklichkeit nicht da ist. Jedenfalls ist er nicht da, wo sie sind. Das ist sehr modern und praktisch. Sie können mit dem Finger auf die helle Fensterscheibe tippen, und schon ist er wieder weg.

Das Mädchen auf dem Sofa hat soeben seine Mama weggeklickt. Die Mutter hat es nicht bemerkt, denn sie ist dabei, herauszufinden, ob die Sonne draußen scheint. Währenddessen spielt der Junge mit dem Schulfreund auf der linken Seite Online-Fußball, und der Vater schaut den beiden dabei zu. In ihren Köpfen sind sie weltbekannte Fußballhelden.

## Zuhause (2020)

Hat mich gefreut, dass wir uns heute kennenlernen konnten. Die Familie ist ja mittlerweile auf der ganzen Welt verteilt. Ich frage mich an manchen Tagen, was wohl in der Zukunft aus den Enkelkindern wird. Besonders wenn es regnet, denke ich darüber nach.

Oder wenn ich in ein Feuer schaue. Von den meisten unserer Verwandten hast du sicherlich noch nie gehört. Außer, wenn sie eine Zeit lang König waren oder wegen etwas anderem aufgefallen sind. Manche von uns waren in der langen Weltgeschichte etwas lebhaft.

Ich bin ganz erleichtert, dich zu sehen. Über Tausende von Jahren haben wir es bis zu dir geschafft. Die Mammuts sind inzwischen leider ausgestorben, aber immerhin habt ihr noch Elefanten. Gib auf dich acht, denn die Geschichte ist hier nicht zu Ende.

**Dieter Böge**, geboren 1958, ist Zeichner, Maler und Autor. Er lehrt an der Akademie JAK in Hamburg und ist deren künstlerischer Leiter.

**Bernd Mölck-Tassel**, geboren 1964, ist Professor für Illustration an der HAW Hamburg.

Beide arbeiten seit über zwanzig Jahren zusammen. Von 2008 bis 2013 erschienen ihre Comicstrips *Dr. Dominos Weltgeschichte* in der Frankfurter Allgemeinen Sonntagszeitung.

*Ein verlagsneues Buch kostet in ganz Deutschland
und Österreich jeweils dasselbe. Das liegt an der gesetzlichen
Buchpreisbindung, die dafür sorgt, dass die kulturelle Vielfalt
erhalten und für die Leser bezahlbar bleibt. Also: Egal ob im
Internet, in der Großbuchhandlung, beim lokalen Buchhändler,
im Dorf oder in der Stadt – überall bekommen Sie Ihre
verlagsneuen Bücher zum selben Preis.*

2. Auflage 2018
© 2016 Verlagshaus Jacoby & Stuart, Berlin
Alle Rechte vorbehalten
Printed in Latvia
ISBN 978-3-946593-07-2
Unsere Trailer auf www.youtube.com/jacobystuart